DU
REMBOURSEMENT
DES RENTES,

PAR

M. Fr. DE M....,

AVOCAT A LA COUR ROYALE.

Ils veulent être libres, et ils
ne savent pas être justes.

A. DENAIX, LIBRAIRE, | **DELAUNAY, LIBRAIRE,**
14, Rue du Faub.-Saint-Honoré. | Palais-Royal.

1838

AVANT-PROPOS.

UELQUES mots seulement : car le temps presse, les passions s'agitent, la discussion commence à la Chambre des députés, et tout annonce qu'elle sera vivement menée, et peut-être emportée de haute lutte.

La vieille presse veut le remboursement, parce qu'elle soupçonne le ministère de ne le point vouloir; parce qu'elle y trouve un moyen de vengeance contre les rentiers, hommes d'ordre et de sens, et par cette double raison, ennemis inflexibles de ses théories ou funestes ou puériles; parce qu'elle pense qu'on n'ébranlera pas une foule d'existences, sans susciter quelques inimitiés, sans troubler la tranquillité profonde dont nous jouissons, et qui la fatigue.

La plupart des députés réclament à grands cris le remboursement! Nous craignons qu'ils ne cèdent à de fâcheux préjugés de province, à des préventions inconsidérées contre Paris, à de naïves illusions, que nous aurons le courage de combattre et le malheur de détruire, sur les avantages qui en résulteront pour le commerce, l'industrie et l'agriculture.

Enfin, les *loups-cerviers* sont là, tout haletants et la gueule béante.....

Au milieu de ces désirs impatients, de ces confiantes illusions, de ces passions s'agitant avec bruit, la raison sera mal écoutée, la vérité aura de la peine à se faire jour. Elles ne doivent pas reculer pourtant et décliner le combat. Il est utile de dire aux hommes qu'ils vont commettre une grande injustice, alors même que cet avertissement ne sera point écouté; il est bon de les condamner à faire le mal sciemment.

**Le Remboursement des Rentes est contraire aux
lois, contraire à l'équité ; il n'offre aucun
avantage, il a d'immenses inconvénients ;
il est inopportun ; il peut, il doit
avoir les suites les plus
funestes.**

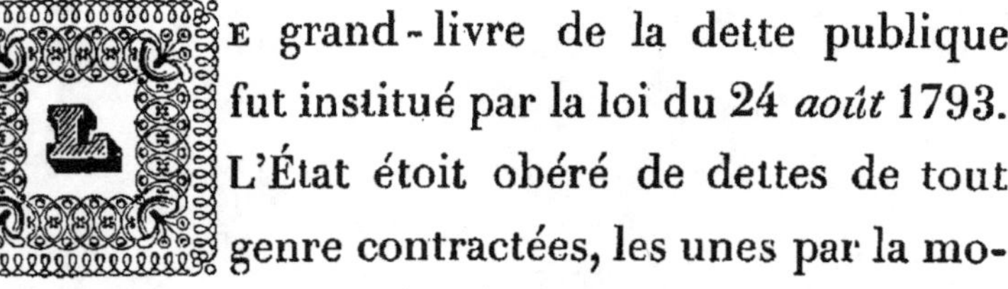

Le Remboursement des Rentes est contraire aux lois.

LE grand-livre de la dette publique fut institué par la loi du 24 *août* 1793. L'État étoit obéré de dettes de tout genre contractées, les unes par la monarchie, les autres par le régime nouveau, à des taux d'intérêt divers, le plus souvent très-élevés, avec des échéances qui varioient à l'infini. De là de graves inconvénients : le gouvernement républicain inspi-

roit peu de confiance, et les créances qui venoient
de lui étoient tombées dans un discrédit complet :
celles que la monarchie avoient créées, au contraire,
jouissoient d'une grande faveur, et offroient un ali-
ment aux actives combinaisons de l'agiotage. De
plus, ces échéances variées forçoient le trésor d'a-
voir toujours de l'argent en caisse, et l'on sait que
cette caisse étoit souvent à sec, quoiqu'on usât, sans
mesure, du procédé nouveau et fort expéditif de
battre monnoie. Pour parer à tous ces embarras,
on agit *révolutionnairement*. On força les créanciers de l'État d'apporter leurs titres, qui furent
brûlés et remplacés par une inscription sur le
grand-livre; et toutes les créances se trouvèrent
ainsi converties en une *rente* uniforme payable à
des époques déterminées. C'est là ce qu'on appela
uniformiser et *républicaniser* la dette.

Cette loi, ou plutôt cette mesure révolutionnaire,
étoit tout à l'avantage du gouvernement, tout au
préjudice des rentiers. Tout à l'avantage du gouvernement, en confondant toutes les créances, en le
rendant seul débiteur, en mettant les créanciers
dans la nécessité de s'intéresser à sa conservation,
en lui facilitant, par la fixation des échéances, les
moyens de préparer ses paiements. Tout au préjudice des rentiers, parce qu'on usoit de contrainte
et de violence; parce qu'on leur donnoit en échange

d'un titre qui avoit leur confiance, un titre qui n'en méritoit aucune; parce que la plupart subissoient une diminution; parce qu'on leur enlevoit la faculté de se faire rembourser; parce qu'on effaçoit le capital, et qu'on ne leur reconnoissoit qu'un droit à une rente.

Nous insistons sur ce dernier point qui est d'une grande importance : en supprimant le capital, on s'assuroit l'avantage de répondre aux rentiers, s'ils venoient le demander un jour : Votre capital ne peut vous être rendu, car il n'existe plus, et c'est de votre consentement. Pouvoit-on leur dire encore : Ce remboursement, que vous n'avez pas le droit de réclamer, nous pouvons vous contraindre à le recevoir? La Convention elle-même auroit reculé devant un si criant abus de la force.

Ainsi, deux choses ressortent de la loi de 1793 :

Une première spoliation exercée sur les rentiers;

L'annulation du capital et son remplacement par une rente.

Cette loi fut pourtant un contrat, et l'on voit à quels termes : il semble que s'il étoit déchiré un jour, ce ne pouvoit être par ceux qui l'avoient imposé. C'est là néanmoins ce qui arriva.

Malgré les promesses faites aux rentiers, on s'étoit peu occupé d'eux, et pendant quatre années, à peine si à des intervalles éloignés ils avoient reçu quelques foibles parties de leurs arrérages. Mais leurs pertes ne se bornèrent pas là : et bientôt les arrérages accumulés et la gêne du gouvernement, devenue plus grande, amenèrent une spoliation nouvelle.

La loi du 9 *vendémiaire an VI* supprima d'un trait de plume les deux tiers de la dette publique, et conserva le tiers restant sous le nom de tiers *consolidé*. Cette expression, mise à dessein pour rassurer les rentiers, dut leur sembler une ironie cruelle : une banqueroute a plus de signification qu'un mot vague dont on a déjà abusé. On le sentit, et l'on chercha un effet plus sûr dans le paragraphe 2 de l'art. 98, que nous citerons textuellement :

Le tiers de la dette publique conservé en inscriptions est déclaré exempt de toute retenue présente et future.

Certes, c'est là un engagement positif et formel qui défie tout commentaire subtil, toute explication chicanière, qui ne laisse aucune ressource à la mauvaise foi. Si l'on dit que la loi parle de retenue et non de remboursement, nous répondrons que le prétendu remboursement n'est qu'une réduction en réalité, on l'avoue hautement ; or, une réduction est bien une retenue d'une partie de la rente, ou, ce qui est équivalent, une banqueroute.

Si la loi de *vendémiaire* laissoit aux créanciers

encore quelques craintes de remboursement, celle du 21 *floréal* devoit les rassurer de la manière la plus complète, car elle créoit l'amortissement, qui n'est qu'un remboursement partiel, le seul légal, le seul sage, le seul possible.

Les lois de 1817 et de 1818 ne sont point organiques et constitutives comme celles que nous venons d'analyser; elles sont donc subordonnées à celles-ci dans tous leurs effets généraux.

Conséquences de cet exposé rapide :

La loi du 24 *août* 1793, en créant des rentes seulement, en supprimant le capital, rend le remboursement de ce capital impossible. Une rente, par sa nature même, ne peut être remboursée;

. La loi de *vendémiaire*, loi de banqueroute, interdit de la manière la plus expresse toute espèce de remboursement ;

La loi de *floréal* complète celle-ci par la création de l'amortissement, qui est un remboursement graduel, mesuré, sans secousse ;

Enfin, les lois de 1817 et de 1818, lois particulières, sont soumises, par une de leurs dispositions mêmes, à la législation antérieure.

Le remboursement est donc contraire aux lois spéciales, qui sont pourtant les seules applicables en cette matière.

Est-il plus conforme au droit commun ?

Et, d'abord, remarquons qu'il suffiroit de répondre que le droit commun ne peut être invoqué dans cette discussion. Le droit commun, c'est le droit civil : et qui ne sait que le droit civil règle les rapports entre les particuliers ; que ceux des citoyens avec l'État rentrent dans le domaine du droit politique ou du droit administratif ?

A la prétention de nos adversaires, d'introduire violemment ici le droit commun, nous pourrions opposer encore un principe également incontestable : c'est que les lois spéciales dérogent aux lois générales. Les premières sont exceptionnelles, et ce seroit une vraie jonglerie que d'argumenter contre l'exception de la règle générale, que l'exception avoit précisément pour but de modifier.

Cette réponse catégorique suffiroit : nous la négligeons, car nous voulons faire à nos adversaires les concessions les plus larges, et il nous tarde d'arriver à la discussion du droit commun, dont ils font tant de bruit.

D'après l'art. 1911 du *Code civil,* les rentes perpétuelles sont rachetables.

Pour interpréter sainement une loi, il faut remonter à la pensée qui l'a produite. Or, de bonne foi, les auteurs du Code ont-ils entendu s'occuper des rentes créées par l'État ? Qu'on examine avec soin les discussions du Conseil d'État, les rapports faits aux tribuns, je défie qu'on y trouve un seul mot qui, de près ou de loin, se rapporte à d'autres rentes qu'à celles qui proviennent des conventions entre particuliers.

L'art. 1911 ne peut être bien compris, si on ne le rapproche de l'art. 530, qui définit la rente, et qui est ainsi conçu :

Toute rente établie à perpétuité pour le prix de la vente d'un immeuble, ou comme condition de la cession à titre onéreux ou gratuit d'un fonds immobilier, est essentiellement rachetable.

Voilà quelle est la rente dont parle l'art. 1911 ; et certes il faudroit que les mots fussent doués d'une grande élasticité pour qu'on pût tirer d'expressions si nettes, si positives, quelque analogie, même indirecte, avec la rente constituée par l'État.

Les lois d'ailleurs ne peuvent changer la nature des choses ; et comment assimiler les rentes entre particuliers aux rentes publiques ? Les premières représentent une chose fixe, qui n'est soumise à aucune variation, qui ne hausse ni ne baisse, qui ne reçoit aucune impression des accidents extérieurs. Les secondes, au contraire, représentent non une chose, mais, comme on l'a très-bien dit, une *chance* ; elles n'ont aucune valeur certaine : elles subissent assidûment, et souvent en quelques minutes, mille mouvements contraires, mille fluctuations violentes. Le capital est fugitif, impossible à saisir.

L'art. 1911 ne s'applique donc point et ne peut s'appliquer aux rentes sur l'État. On en trouveroit une preuve de plus, s'il le falloit, dans l'art. 1912, en vertu duquel le débiteur peut être contraint au rachat, quand il a cessé de remplir ses obligations pendant deux années, ou quand il n'a pas fourni au prêteur les sûretés promises.

Or, nous le demandons, quels moyens la loi civile fournit-elle aux créanciers pour exiger le remboursement, quand l'État a suspendu le paiement de la rente ? Et, lorsqu'il a cessé complétement de la payer, lorsqu'il fait banqueroute, quel recours peut-on exercer contre lui ? devant quel tribunal le déférer ? sous quelles formes le poursuivre ?

L'art. 1911 et l'art. 1912 se tiennent pourtant : l'un doit être appliqué comme l'autre ; et si le débiteur de la rente peut contraindre le créancier à recevoir le remboursement, il faut qu'à son tour celui-ci ait la faculté de l'exiger. La loi le commande, comme l'équité.

Le remboursement est donc contraire au droit commun, comme aux lois spéciales, il est donc illégal dans la plus large étendue du mot.

Le Remboursement viole tout aussi fortement, tout aussi brutalement l'équité.

Ici le champ est vaste, et les considérations abondent. Nous les limiterons.

Quelle a été la pensée des rentiers depuis la création du grand-livre, depuis la loi de *vendémiaire* surtout, jusqu'en 1824? c'est qu'en vertu d'un engagement solennel et deux fois renouvelé, leurs créances étoient perpétuelles, et ne pouvoient être remboursées. Et depuis 1824, cette opinion n'a pu que se fortifier, lorsqu'ils ont vu tous les journaux et tout ce qu'il y avoit de plus illustre dans les deux Chambres, le général Foy, M. de Châteaubriant, M. l'archevêque de Paris, combattre de toute l'énergie de leur parole, de tout l'éclat de leur talent, de tout l'ascendant d'un caractère sacré, une mesure semblable à celle qu'on propose aujourd'hui, et la faire tomber sous le poids de l'indignation publique qu'ils avoient soulevée.

Cette idée de perpétuité a été confirmée dans tous les emprunts contractés par le gouvernement. Que se passe-t-il en effet dans cette circonstance? Le gouvernement vend des rentes que les particuliers achètent. La condition de remboursement est-elle sous-entendue dans ce contrat? En aucune manière. Et que rembourserait-on? Des rentes? c'est impossible; un capital? il n'en existe pas.

Vous remboursez au pair, dites-vous, c'est-à-dire à un taux plus élevé que le titre n'a coûté; vous rendez un capital plus considérable que celui qui a été déboursé.

Mais le titre a passé par vingt mains différentes; le possesseur actuel peut l'avoir acheté 105 ou 108 fr.; il n'a donc pas placé son argent à 5 p. 100; et à cette réduction d'intérêts, vous voulez ajouter une réduction de capital !

Supposons même qu'il ait acheté au-dessous du pair, à 98 fr. par exemple, le remboursement au pair ne sera pas un bénéfice pour lui : car la richesse ne consiste pas dans le capital, mais dans le revenu.

On éprouve en vérité un grand embarras à redresser des erreurs si étranges, qu'on pourrait les croire volontaires. Qui peut ignorer que l'argent comme toute chose n'a qu'une valeur relative? que cette valeur subit, par des causes diverses, des variations continuelles, selon qu'un État est agité ou tranquille, que ses institutions sont stables ou mobiles, que la paix y est solidement établie ou la guerre imminente, que l'industrie prospère ou languit? Toutes ces circonstances, en amenant l'abondance ou la rareté des capitaux, en augmentent ou diminuent la valeur, et il arrive que celui qui, à telle époque, acheta du 5 p. 0/0 à raison de 60 fr., le paya plus cher que celui qui l'achète 108 fr. aujourd'hui; car, contre une chance de le conserver, il en avoit cinquante de le perdre.

On rembourse au pair; mais qu'est-ce que le pair? Le pair ne peut être que la valeur vénale d'une chose au moment de la vente: le pair en ce moment seroit 108 fr., c'est donc 108 fr. que l'on devroit rembourser. En mettant le pair à 100 fr., on ne fait qu'établir un maximum, et un maximum est à la fois un acte de violence et un non-sens.

Mais les rentiers méritent peu de ménagements, et on peut se dispenser à leur égard d'être justes. Ce sont des gens oisifs, profitant des bienfaits de l'ordre sans rien faire pour son maintien; jouissant, sans trouble comme sans travail, de toutes les douceurs de la vie; étalant dans les grandes villes, dans Paris surtout, un faste insolent, donnant le déplorable et dangereux exemple de la corruption des mœurs, etc.

Ces déclamations sont généreuses sans doute.

Mais l'argent que les rentiers ont prêté, ils l'avoient acquis, eux ou leurs parents, par le travail, l'intelligence et l'ordre ; ils n'ont donc pas été tout à fait inutiles à la société. Ils lui ont rendu un service plus immédiat encore, lorsqu'ils ont confié leur fortune à l'État qui en avoit grand besoin, et le plus souvent dans des circonstances critiques.

Les rentiers ne paient pas d'impôts comme les propriétaires fonciers ; mais le propriétaire jouit de grands avantages dont ils sont privés : la possession des terres confère des droits politiques, assure une juste considération, procure des jouissances multipliées, qui ne peuvent être évaluées en argent...... Et puis, et c'est là une différence immense tout en faveur des propriétaires, ceux - ci n'ont rien à craindre d'une guerre, de troubles intérieurs, d'une révolution même. Les rentiers, au contraire, à la moindre agitation font une perte, et courent risque d'en éprouver une complète. Ne faut-il pas une compensation à cette terrible chance ? Ils l'ont subie plus d'une fois en quarante ans.

Comment ! s'écrie-t-on, l'État ne pourroit pas payer ses dettes quand il en a les moyens ? A cela une réponse toute simple : l'État, comme les particuliers, ne peut réclamer un droit auquel il a renoncé, et c'est ce qui a été surabondamment prouvé.

Quand un État emprunte, il dit aux prêteurs : Je vous vends 5 fr. de rente moyennant 100 fr. ou 80 fr. S'il vient leur dire plus tard : Je vous avois promis 5 fr. de rente, maintenant je ne veux vous en donner que 4; c'est son bilan qu'il dépose.

Le remboursement qu'il offre comme une alternative n'étoit pas une condition du contrat : il ne peut donc le proposer. Et que dire, quand ce remboursement n'a rien de réel, quand il n'est qu'une menace pour imposer une réduction?

N'est-ce pas un escamotage, une piperie qui seroient risibles, si la force n'étoit là pour les rendre odieux? On ne parle que de remboursement, mais, en réalité, c'est une réduction que l'on veut, c'est-à-dire une banqueroute; on craint ce mot, et on a raison. Les gouvernements comme les particuliers recourent bien quelquefois, et sous le prétexte de la nécessité, à cette voie commode de payer ses dettes; mais ils n'en sont pas encore venus au point d'en soutenir la légitimité.

Le remboursement est donc inique, comme il est illégal.

Est-il utile ?

Il s'est formé de nos jours une école d'hommes politiques, adorateurs de l'utilité, qui sourient dédaigneusement quand on leur parle de la justice et des lois ; qui disent hautement qu'un homme d'État n'en doit tenir compte, si de leur violation il peut résulter quelque avantage : comme si toute atteinte portée à la justice n'étoit pas elle-même un mal immense, irréparable ! comme si le respect des lois n'étoit pas le premier devoir de ceux qui sont chargés de veiller à leur maintien ! Que ces principes soient avoués par des roués politiques qui ne peuvent en avoir d'autres, par des ambitieux hardis qui ont besoin de causer de l'étonnement, cela se conçoit ; ce ton leste et dégagé séduit : on suppose du génie à ceux qui peuvent se passer de justice. Mais que ceux qui se disent les plus fervents, les plus purs amis de la liberté, les défenseurs les plus zélés de la morale publique, tiennent le même langage, c'est là tomber dans une singulière contradiction, ou faire preuve d'une étrange effronterie.

Examinons les prétendus avantages du remboursement.

D'abord, quant aux contribuables, sur qui l'on

s'apitoie d'une façon si touchante, sait-on ce que chacun y gagnera ?..... 53 centimes.

Le gouvernement n'en retirera aucun fruit; et d'ailleurs les conversionnistes se préoccupent assez peu de son utilité.

Un des merveilleux résultats de cette opération, celui qu'on met en première ligne, c'est la baisse de l'intérêt. Étrange prétention !

Avec une loi, faire baisser l'intérêt ! Mais l'intérêt dépend d'une foule de circonstances qu'une loi ne peut atteindre : de la stabilité du gouvernement, de la prospérité du commerce, de la proportion qui existe entre les capitaux offerts et les capitaux demandés, entre la consommation et la production, et par conséquent de l'abondance et de la sûreté des débouchés ; et sur toutes ces choses elles-mêmes, que de causes multiples agissent ! Que les lois ne s'en mêlent ni pour les combattre, ni pour les aider ; qu'on les laisse s'exercer paisiblement, en toute liberté ; ce sont là les rouages les plus délicats de l'organisation commerciale, qu'on ne feroit que détraquer d'une manière irréparable en y jetant tout à coup et violemment un rouage étranger.

La baisse de l'intérêt est-elle d'ailleurs un si grand bien ? Quel est le résultat de l'abondance des capitaux ? C'est qu'on leur cherche à tout prix un emploi ; c'est que cet emploi, difficile à cause de

la concurrence, devient très-hasardeux. On se jette
dans de folles entreprises, on s'abandonne à la fièvre
des spéculations (les exemples ne nous manquent
pas), et des catastrophes soudaines surviennent;
et, sur la ruine d'une honnête famille, s'élève l'opu-
lence fastueuse d'un adroit fripon. Nous ne parlons
pas du contre-coup funeste que ces ébranlements
portent à la confiance et aux relations commer-
ciales.

La baisse de l'intérêt est profitable à l'industrie,
et cela sans doute pour accroître la production. Mais
cet accroissement est souvent un mal; des événe-
ments récents et mémorables l'ont prouvé. Aussi,
les théories qui plaçoient la richesse dans la production sont-elles un peu discréditées de nos jours.
On revient, par la force des choses, à une vérité bien
simple, que la science avoit dédaignée ou combattue :
c'est que la production doit marcher de niveau avec
la consommation. Si elle la dépasse, même foiblement,
il y a déjà souffrance; si cet excès est considérable,
il y a rabais forcé, rabais au-dessous du prix de fabri-
que, et par conséquent perte immense pour les pro-
ducteurs : pour le capitaliste industriel, perte d'une
partie du capital, de l'intérêt qu'il en devoit retirer,
du bénéfice dû à son industrie; perte bien plus dure
pour l'ouvrier, qui se voit enlever le fruit de ses travaux présents, et celui qu'il espéroit de ses travaux

à venir. Voilà cependant où conduit inévitablement l'impulsion donnée à l'industrie par la surabondance des capitaux, c'est-à-dire par la baisse de l'intérêt.

Et, ce qui est singulier, mais ce qui n'est qu'une contradiction de plus dans un système où les contradictions abondent, c'est qu'en augmentant les produits, on tend en même temps à diminuer le nombre des consommateurs. 400 millions appartenant à des étrangers étoient engagés dans nos fonds publics : la confiance les avoit attirés, un sentiment contraire les éloignera. Les revenus en seront donc enlevés à la consommation.

Autre contradiction :

Le remboursement est, au dire de ses prôneurs, une sorte de panacée universelle qui va fermer toutes les plaies sociales, une recette merveilleuse qui va, comme par enchantement, renouveler, transformer toutes choses.

Le commerce en souffrance reprendra tout à coup un essor inouï, une prospérité durable.

L'agriculture si négligée, si arriérée, deviendra florissante.

Les capitaux sortis des rentes se répandront en rosée féconde sur l'industrie, et lui donneront une vie, une activité nouvelles.

Charmantes illusions !

Et cependant, au dire des mêmes hommes, le remboursement n'est qu'une menace. A toutes les objections ils répondent qu'il ne sera pas demandé, que la réduction sera acceptée avec empressement. Mais, s'il en est ainsi, les capitaux restant où ils sont, l'industrie, l'agriculture et le commerce n'en retireront pas les avantages si pompeusement annoncés.

Mais, supposons au contraire que le remboursement soit une réalité, qu'il soit exigé : les trois milliards nécessaires pour une opération si vaste ne sortiront pas de terre sans doute par un coup de baguette des Moïses de nos jours ; ils ne descendront pas du ciel en manne dorée. D'où viendront-ils donc? d'où les tirera-t-on? de l'industrie, du commerce, de l'agriculture même. Ils pourront y retourner, il est vrai, au moyen du remboursement ; mais ce ne sera alors qu'un déplacement momentané, une sorte de jeu d'enfant, qui ne profitera qu'aux agioteurs.

C'est que les capitaux en argent sont comme toutes choses dans la nature, il ne s'en forme point de nouveaux. Il en est d'eux comme de l'air, vous ne pouvez les entasser d'un côté sans faire le vide de l'autre : il faut, de toute nécessité, que l'équilibre se rétablisse, et il ne peut se rétablir sans de brusques et fortes secousses, sans tous les dangers d'une lutte violente et orageuse.

Le commerce et l'industrie ne sont pas d'ailleurs dans une situation qui réclame des secours; le commerce est l'instrument de l'industrie dont il dépend : ils dépendent l'un et l'autre du rapport qui s'établit entre la production et la consommation, et cette heureuse proportion existe en ce moment. Il faut s'appliquer à la maintenir, écarter plutôt qu'attirer les capitaux dont l'affluence soudaine la détruirait.

L'agriculture n'est pas non plus dans un état alarmant. Le bas prix du blé qui se maintient depuis longues années en est une preuve de fait incontestable; l'argent semé sur le sol ne feroit pas naître des fruits inconnus. Il serviroit au défrichement de terres incultes! mais, si ce défrichement eût offert quelques avantages, pourquoi les capitaux qui cherchent des revenus ne s'y sont-ils pas portés tout naturellement, au lieu d'attendre qu'on les y jetât ainsi de vive force? De plus, si des terres non cultivées sont mises en valeur, le prix du blé subira de nouvelles baisses, et les propriétaires et agriculteurs redoubleront leurs doléances. Nous savons un plus sûr moyen d'être utile à l'agriculture : c'est de lui apporter les lumières dont elle manque; de la mettre dans la voie des progrès qui se font dans

d'autres pays, de la retirer de la déplorable et su-
perstitieuse routine où elle croupit, même dans le
voisinage de la capitale. Ce qui seroit avantageux,
ce qui est urgent, c'est d'apprendre à nos paysans à
connaître l'assolement, à ne pas lutter péniblement
contre un terrain rebelle, à choisir le genre de
culture qui convient à la nature du sol, à son
aspect, à sa position. Mais cette voie sage et d'un
succès certain seroit lente, comme tout ce qui doit
être durable, et nous ne savons pas attendre; nous
voulons des effets soudains, il nous faut des coups
de théâtre.

Voilà à quoi se réduisent les grands avantages
du remboursement.

Les inconvénients, les désastreux effets ont mal-
heureusement plus de réalité. Nous en avons déjà
signalé plusieurs.

En première ligne, il faut mettre l'atteinte grave,
irréparable, portée au crédit; car il y a violation
d'un engagement formel, nous l'avons démontré;
et quand ce point seroit contestable en droit, en
fait il n'a jamais souffert le moindre doute. L'opinion
générale a toujours été que les rentes étoient perpétuelles, qu'elles ne pouvoient être remboursées.

Une nouvelle et ample pâture va être jetée à cette
fièvre de jeu, à cette frénésie de spéculations, que

déplorent ceux mêmes qu'elles ont enrichis; un nouveau champ immense va s'offrir aux actives combinaisons de l'agiotage, qui n'est autre chose que la filouterie sur une grande échelle.

Des milliers de fortunes seront troublées, bouleversées, et l'effet de ce bouleversement peut s'étendre bien loin; car tout se tient dans la société, et le pain de chaque jour du pauvre ouvrier dépend du moindre changement survenu dans la position du riche.

Ceci est un coup monté par des jalousies départementales contre Paris, où l'on vit sans travailler, où l'on n'est occupé que de plaisirs; et ces plaisirs, c'est la province qui les paie; elle est sacrifiée à la capitale, qui l'épuise. Paris est un cancer qui dévore la France !

Ces déclamations puériles ne valent pas une réponse.

La consommation de Paris est immense, la production presque nulle, du moins quant aux matières premières. D'où vient donc tout ce qui s'y consomme, si ce n'est de la province, qui sans doute ne le donne pas? L'argent afflue à Paris; mais y reste-t-il? Il y entre et il en sort sans cesse; c'est un va-et-vient continuel, d'où résulte une prodigieuse activité. Que la consommation diminue, et

le contre-coup en sera ressenti jusque dans les dé-
partements les plus éloignés.

Et c'est sous le rapport moral surtout, qu'une
capitale est à la fois la tête et le cœur d'un État :
c'est de là que part l'intelligence ; c'est là qu'elle
revient pour se renouveler ; c'est de ce foyer fécond
que sortent les lumières pour se répandre sur un
vaste pays. Sans Paris, dans quelles ténèbres serait
encore plongée la France ? Sans Paris, que serait
la civilisation elle-même ?

C'est cependant Paris qu'on veut atteindre ; il n'y
a pas à s'y méprendre, et certes le coup est sûr et
portera. La plupart des rentiers sont de Paris ou
y demeurent : un grand nombre seront obligés d'en
sortir, ou de se condamner, dans un âge avancé,
aux privations inaccoutumées de l'indigence. Les
riches même n'auront d'autre moyen de pourvoir
à des économies forcées, que de passer l'hiver à
la campagne ; tous, d'une façon ou d'une autre,
réduiront leurs dépenses. Les étrangers, juste-
ment irrités de cette réduction inattendue, assez
mal rassurés contre la crainte d'en subir une nouvelle, iront porter leurs quatre cents millions et en
dépenser les revenus dans des États plus fidèles à
leurs engagements. Que l'on juge à quel point et
de combien de manières l'industrie et le commerce
seront atteints ! La perte est incalculable, et cette

perte se fera sentir dans la saison la plus rigou-
reuse; et la misère, la hideuse misère, que les infati-
gables efforts de la bienfaisance active et ingénieuse
ne peuvent apaiser, où s'arrêtera-t-elle lorsque des
milliers d'ouvriers occupés aujourd'hui se trouve-
ront sans travail?... Elle prie maintenant, elle peut
devenir menaçante.

Ce n'est pas tout : cette opération immense, sous
quelque forme qu'on l'adopte, exige, pour son ac-
complissement, un certain nombre d'années. Il est
plus que probable que dans cet intervalle quelques
perturbations surviendront en Europe. Dès ce moment la conversion (car le remboursement est impossible) seroit interrompue. Parmi les rentiers, les
uns auroient converti, les autres non, et ne le pourroient plus. Des emprunts deviendroient urgents;
mais trouveroit-on des prêteurs? Le crédit vit de
confiance, et certes, s'il en pouvoit exister encore,
de pareilles crises l'étoufferoient. Que seroit-ce donc
si, au milieu de tous ces embarras, l'émeute venoit
à reparoître? Et certes, l'occasion seroit trop belle
pour la laisser échapper! Quels désordres, quelle
confusion effroyable naîtraient d'une telle compli-
cation!

Nous savons que toutes ces éventualités sont re-
poussées par nos heureux optimistes; que, selon
eux, la France est destinée à une paix perpétuelle;

que les passions politiques, naguère si vivaces, sont mortes à jamais; que le fameux volcan du Constitutionnel est éteint; que tous les désaccords ont disparu; que républicains, légitimistes, justes-milieux, vont sceller, par des embrassements solennels, un traité d'union fraternelle.

Mais il est permis, il est assez raisonnable de ne pas partager ce riant espoir, de ne pas croire que *l'horizon politique, rembruni* si longtemps, se soit tout à coup miraculeusement éclairci. Il est prudent de se tenir en garde contre ces accès d'excessive confiance succédant si vite à un profond découragement.

Nous nous souvenons que dans la discussion de l'adresse, sur la question d'Espagne, le ministère n'a écarté la pensée d'une intervention actuelle qu'en faisant entrevoir une intervention future. Et qui pourroit dire que cette intervention est éloignée? L'Espagne paroît calme en ce moment; mais les revirements soudains dont elle nous a si souvent surpris nous permettent-ils autre chose qu'une sécurité passagère, qu'un espoir incertain? Quelles subites et déplorables péripéties peuvent enfanter à chaque instant ce pêle-mêle de partis sans convictions, sans foi et presque sans passions; cette guerre suscitée d'un côté par le despotisme, de l'autre par le libéralisme, tous deux venus du dehors, et par conséquent tous deux antinationaux !

Nous ne voulons point blesser une noble nation qui ne le cède à aucune autre, elle l'a magnifiquement prouvé, en indomptable constance, en héroïque patriotisme, en magnanimité sublime ; qui fut grande longtemps, qui peut l'être encore ; mais est-ce bien elle qui s'est livrée à ces déplorables essais de liberté, que sa fière indifférence a frappés d'une stérilité mortelle ?

Rendons aussi une éclatante justice aux Martinez, aux Luchana, aux Torréno, aux Amarilla, aux illustres auteurs du statut royal dont l'expérience éclairée se refusait à franchir d'un seul bond l'espace immense qui sépare le despotisme excessif de l'excessive liberté.

Mais devons-nous la même estime aux insensés qui ont fait échouer leurs généreux efforts ? à ce parti radical composé de rêve-creux arriérés, naïfs adorateurs de la philosophie décrépite du xviiie siècle ; d'ambitieux de bas étage, sans caractère comme sans génie ; d'hommes d'argent (des loups cerviers aussi) dont le charlatanisme, passant de l'insolence présomptueuse à un repentir larmoyant, réalise ses pompeuses promesses par la banqueroute ; d'une populace féroce et famélique ; de soldats en guenilles, fanfarons et pillards, aimant mieux massacrer leurs généraux que de combattre l'ennemi ?

Voilà l'Espagne telle que notre exemple et nos idées l'ont faite. Ses agitations sont suspendues, mais elles peuvent renaître ; et si les blessures qui lui viennent de nous se rouvrent, nous seuls pouvons les fermer. C'est notre devoir, et à tout moment peut naître la nécessité de l'accomplir.

Le Portugal est en aussi triste état ; et quoiqu'il soit convenu, ce qui ne devroit pas être, que l'influence anglaise doit y prédominer et y ramener l'ordre (tâche d'ailleurs assez onéreuse pour n'exciter aucun ombrage), du moins le retentissement que les secousses survenues dans ce pays pourroient avoir en Espagne, nous oblige de porter aussi nos regards de ce côté et de nous tenir prêts.

L'Italie, la Grèce, la Turquie exigent également notre attention ; il nous importe d'être dégagés de tout embarras dans le cas où s'éleverait entre l'Angleterre et la Russie une collision depuis si longtemps imminente, et qui ne sera pas toujours heureusement éludée !

Voilà pour le midi. A l'est, il y a un an à peine, la guerre avec la Suisse était près d'éclater ; et si elle ne s'engagea pas, c'est parce que la France, libre de toute entrave, put tenir un langage ferme, et sur-le-champ prendre une attitude imposante.

Enfin, il y a un mois, une armée alloit entrer en Hollande ; les ordres furent donnés, les troupes étoient en marche...... Quel que soit le motif qui les arrêta, celui qui les mit en mouvement subsiste peut-être encore !

Et c'est au milieu de tous ces symptômes de guerre, que l'on iroit se jeter, sans aucun avantage, selon nous, selon nos adversaires, avec des avantages au moins problématiques, dans une opération qui exigeroit une profonde et longue paix !

Ainsi, en nous résumant :

Le remboursement est illégal ;

Il est contraire à l'équité ;

Il n'est point utile, il est dangereux, il est inopportun ;

Il n'est qu'une réduction déguisée, et par conséquent une banqueroute ;

Enfin, dût-il avoir tous les heureux résultats que nous lui dénions, l'état de la France et de l'Europe ne permettroit pas de l'entreprendre sans une haute imprudence.

Le remboursement aura lieu pourtant, nous dit-on ; nous ne le croyons pas. La Chambre des députés l'adoptera, nous le savons, et nous avons dit sous quelles préoccupations.

Mais la Chambre des pairs est là, et nous comptons sur elle. Jamais assemblée ne fut composée de caractères plus recommandables, d'esprits plus éclairés, de capacités plus diverses et plus élevées. Elle s'est déjà *relevée* de l'abaissement immérité où l'avoient mise la révolution de juillet et la populacerie effrénée qui la suivit. De rudes coups lui furent alors portés comme à la monarchie : on n'osa les tuer l'une et l'autre ; on se contenta de les mettre dans l'impossibilité de vivre. Toutes deux subsistent pourtant ; et il faut qu'elles vivent, car on sait maintenant que les nations aussi peuvent mourir.

Sous la Restauration, la Chambre des pairs rendit de grands services, méconnus plus tard par la démocratie, qu'elle avoit sauvée. Ce fut elle qui rejeta les lois du sacrilége, de justice et d'amour, de la conversion des rentes ; elle sut résister à la monarchie qui couroit à sa ruine. Que la Chambre des pairs résiste aujourd'hui à un entraînement tout opposé, mais non moins funeste, à des passions non moins aveugles ! Qu'elle se tienne dans la noble et ferme conduite qu'elle a suivie jusqu'ici ! Elle a reconquis une partie de son influence ; elle ne peut tarder à la ressaisir tout entière ; car les peuples ne la refusent pas longtemps au talent mûri par l'expérience, à la modération ferme, à la sagesse prévoyante, au courage persévérant, à l'amour éclairé du bien public.

FIN.

Paris, imprimerie de Decourchant, rue d'Erfurth, 1.